MW00424392

THE SONG OF SONGS

Our thanks to the Doron family for their permission
to reproduce the illustrations by

Z. RABAN

©

2009
KORÉN PUBLISHERS JERUSALEM LTD.

P.O. BOX 4044, JERUSALEM 90140
TEL.: 02-6330533   FAX.: 02-6330534

© Photographs: Israel Museum, Jerusalem/R. Terry

Printed in Israel

ISBN 978-965-301-115-1

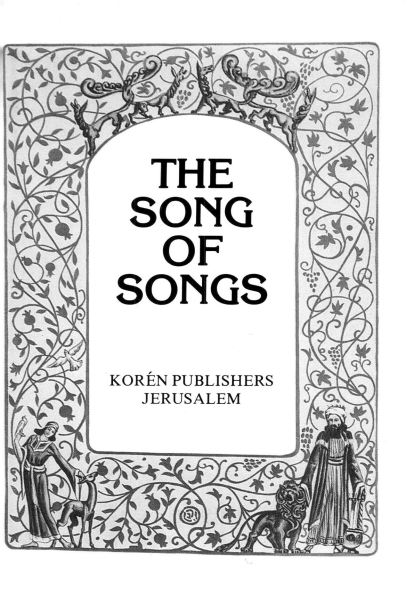

THE
SONG
OF
SONGS

KORÉN PUBLISHERS
JERUSALEM

שחורה אני ונאוה בנות ירושלם
כאהלי קדר כיריעות שלמה
אל תראני שאני שחרחרת
ששזפתני השמש בני אמי
נחרו בי שמני נטרה את
הכרמים כרמי שלי לא נטרתי

The song of songs, which is Shelomo's. Let him kiss me with the kisses of his mouth: for thy love is better than wine. Thy ointments are fragrant; for thy flowing oil thou art renowned: therefore do the virgins love thee. Draw me, we will run after thee: the king has brought me into his chambers: we will be glad and rejoice in thee, we will praise thy love more than wine: sincerely they love thee.   I am black, but comely, O daughters of Yerushalayim, like the tents of Qedar, like the curtains of Shelomo. Do not gaze upon me, because I am black, because the sun has scorched me: my mother's children were angry with me; they made me the keeper of the vineyards; but my own vineyard I have not kept. Tell me, O thou whom my soul loves, where thou feedest, where thou makest thy flock to rest at noon: for why should I be like one who cloaks himself by the flocks of thy companions? If thou know not, O thou fairest among women, go thy way forth by the footsteps of the flock, and feed thy kids besides the shepherds' tents.   I compare thee, O my love, to a mare of the chariots of Par'o. Thy cheeks would be comely with rows of jewels, thy neck with strings of beads. We will make thee necklets of gold studded with silver. While the king was reclining at his board, my nard sent forth its fragrance. My wellbeloved is to me a bundle of myrrh that lies between my breasts. My beloved is to me a cluster of henna in the vineyards of 'En-gedi.   Behold, thou art fair, my love; behold, thou art fair; thou hast doves' eyes. Behold, thou art fair, my beloved, yea, pleasant: also our couch is green. The beams of our house are cedar, and our rafters are of cypress. I am the tulip of the

Sharon; the daffodil of the valleys. Like the lily among thorns, so is my love among the daughters. Like the apple tree among the trees of the wood, so is my beloved among the sons. I sat down under his shadow with great delight, and his fruit was sweet to my taste. He brought me to the banqueting house, and his banner over me was love. Let me lean against the stout trunks, let me couch among the apple trees: for I am sick with love. His left hand is under my head, and his right hand embraces me. I charge you, O daughters of Yerushalayim, by the gazelles, and by the hinds of the field, that you stir not up, nor awake my love, till it please.   The voice of my beloved! behold, he comes leaping upon the mountains, skipping upon the hills. My beloved is like a gazelle or a young hart: behold, he stands behind our wall, he looks in at the windows; he peers through the lattice. My beloved spoke, and said to me, Rise up, my love, my fair one, and come away. For, lo, the winter is past, the rain is over and gone; the flowers appear on the earth; the time of the singing bird is come, and the voice of the turtle is heard in our land; the fig tree puts forth her green figs, and the vines in blossom give their scent. Arise, my love, my fair one, and come away.   O my dove, who art in the clefts of the rock, in the secret places of the cliff, let me see thy countenance, let me hear thy voice; for sweet is thy voice, and thy countenance is comely.   Take us the foxes, the little foxes, that spoil the vineyards: for our vineyards are in blossom. My beloved is mine, and I am his: he feeds among the lilies. Before the day cools, and the shadows flee away, turn, my beloved, and be thou like a gazelle or a young hart upon the mountains of Beter.   By night on my bed I sought him whom my soul loves: I sought him, but I found him not. I will rise now, and go about the city in the streets, and in the broad ways I will seek him whom my soul loves: I sought him, but I found him not. The watchmen that go about the city found me: to whom I said, Have you seen him whom my soul loves? Scarce had I passed from them, when I found him whom my soul loves: I held him, and would not let him go, until I had brought him into my mother's house, and into the chamber of her who conceived me. I charge you, O daughters of Yerushalayim, by the gazelles, and by the hinds of the field, that you stir not up, nor awake my love, till it please. Who is this coming out of the wilderness like columns of smoke, perfumed with myrrh and frankincense, with all powders of the merchant? Behold it is his litter, that of Shelomo! sixty valiant men are round about it, of the mighty men of Yisra'el. All girt with swords, and expert in war: every man has his sword upon his thigh because of the fear by night.   King Shelomo made himself a palanquin of the timbers of the Levanon. He made its pillars of silver, its back of gold, its seat of purple, the midst of it being inlaid lovingly, by the daughters of Yerushalayim. Go forth, O daughters of Ziyyon, and behold king Shelomo with the crown with which his mother crowned him on the day of his wedding, and on the day of the gladness of his heart.   Behold, thou art fair, my love; behold, thou art fair; thou hast doves' eyes behind thy veil: thy hair is like a flock of goats, that cascade down from mount Gil'ad. Thy teeth are like a flock of shorn ewes, which came up from the

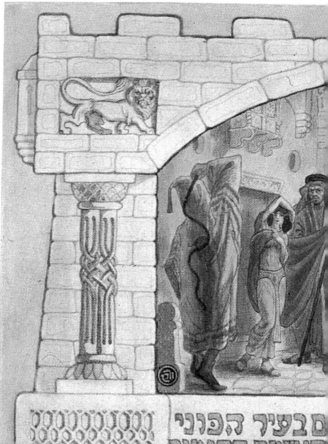

ם בעיר הפנני
י שמה החומות
Z. RABAN

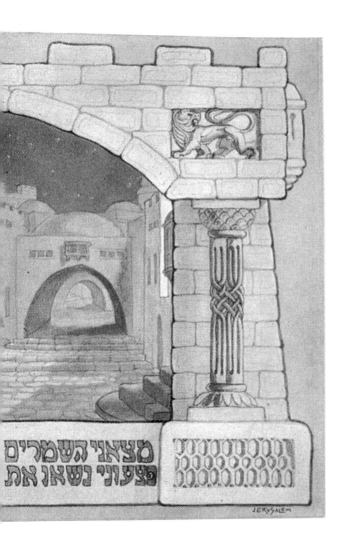

מצאני השמרים
פצעוני נשאו את
JERUSALEM

washing; all of which bear twins, and none of them miscarries. Thy lips are like a thread of scarlet, and thy mouth is comely: thy cheek is like a piece of a pomegranate within thy locks. Thy neck is like the tower of David built with turrets, on which there hang a thousand bucklers, all shields of mighty men. Thy two breasts are like two fawns, twins of a gazelle, which feed among the lilies. Before the day cools, and the shadows flee away, I will get me to the mountain of myrrh, and to the hill of frankincense. Thou art all fair, my love; there is no blemish in thee.   Come with me from Levanon, my bride, with me from Levanon: look from the top of Amana, from the top of Senir and Hermon, from the lions' dens, from the mountains of the leopards. Thou hast ravished my heart, my sister, my bride; thou hast ravished my heart with one of thy eyes, with one link of thy necklace. How fair is thy love, my sister, my bride! how much better is thy love than wine! and the smell of thy ointments than all spices! Thy lips, O my bride, drop as the honeycomb: honey and milk are under thy tongue; and the scent of thy garments is like the scent of Levanon.   A garden enclosed is my sister, my bride; a spring shut up, a fountain sealed. Thy shoots are an orchard of pomegranates, with pleasant fruits, henna and nard. Nard and saffron, calamus and cinnamon, with all trees of frankincense; myrrh and aloes, with all the chief spices: a fountain of gardens, a well of living waters, and streams from Levanon. Awake, O north wind; and come, thou south; blow upon my garden, that the spices thereof may flow out. Let my beloved come into his garden, and eat its choicest fruits. I am come into my garden, my sister, my bride: I have gathered my myrrh with my spice; I have eaten my honeycomb with my honey; I have drunk my wine with my milk. Eat, O dear ones, and drink; drink deep, O loving companions. I sleep, but my heart wakes: hark, my beloved is knocking, saying, Open to me, my sister, my love, my dove, my undefiled: for my head is filled with dew, and my locks with the drops of the night. I have put off my coat; how shall I put it on? I have washed my feet; how shall I soil them? My beloved put in his hand by the latchet of the door, and my heart was thrilled for him. I rose up to open to my beloved; and my hands dropped with myrrh, and my fingers with flowing myrrh, upon the handles of the lock. I opened to my beloved; but my beloved had turned away, and was gone: my soul failed when he spoke: I sought him, but I could not find him; I called him, but he gave me no answer. The watchmen who went about the city found me, they struck me, they wounded me; the keepers of the walls took away my veil from me. I charge you, O daughters of Yerushalayim, if you find my beloved, that you tell him, that I am sick with love. What is thy beloved more than another beloved, O thou fairest among women? what is thy beloved more than another beloved, that thou dost so charge us? My beloved is white and ruddy, distinguished among ten thousand. His head is as the most fine gold, his locks are wavy, and black as a raven. His eyes are like doves by the water courses, washed with milk, and fitly set. His cheeks are like a bed of spices, like banks of fragrant flowers: his lips like lilies, dropping flowing myrrh. His hands are like rods of gold set with emeralds: his belly is pol-

כמעט שעברתי מהם עד שמצאתי את
שאהבה נפשי אחזתיו ולא ארפנו עד
שהביאתיו אל בית אמי ואל חדר הורתי
עירו ואם תעוררו את האהבה עד שתחפץ

על משכבי בלילות בקשתי את
שאהבה נפשי בקשתיו ולא מצאתיו
אקומה נא ואסובבה בעיר בשוקים
וברחובות א
בקשתיו ול
הסבבים בעי
השבעתי אתכם בנות ירושלם בצבאות או באיל

ished ivory overlaid with sapphires. His legs are pillars of marble, set upon sockets of fine gold: his countenance is like the Levanon, excellent as the cedars. His mouth is most sweet: and he is altogether lovely. This is my beloved, and this is my friend, O daughters of Yerushalayim. Where is thy beloved gone, O thou fairest among women? where has thy beloved turned aside? that we may seek him with thee. My beloved is gone down into his garden, to the beds of spices, to feed in the gardens, and to gather lilies. I am my beloved's, and my beloved is mine: he feeds among the lilies.

Thou art beautiful, O my love, as Tirẓa, comely as Yerushalayim, terrible as an army with banners. Turn away thy eyes from me, for they have overcome me: thy hair is like a flock of goats cascading down from Gil'ad. Thy teeth are like a flock of sheep which go up from the washing, of which all bear twins, and not one of them miscarries. As a piece of a pomegranate is thy cheek within thy veil. There are sixty queens, and eighty concubines and young women without number. My dove, my undefiled is but one; she is the only one of her mother, she is the choice one of her that bore her. The daughters saw her, and called her happy; and the queens and the concubines praised her.   Who is she that looks out like the dawn, fair as the moon, clear as the sun, and terrible as an army with banners? I went down into the garden of nuts to see the fruits of the valley, and to see whether the vine had blossomed, whether the pomegranates were in flower. Without my knowing it, my soul set me among the chariots of a princely people. Return return,

O Shulammite; return, return, that we may look upon thee. What will you see in the Shulammite? as it were the dance at Maḥanayim. How beautiful are thy feet in sandals, O prince's daughter! thy rounded thighs are like jewels, the work of the hands of an artist. Thy navel is like a round goblet, that never lacks blended wine: thy belly is like a heap of wheat set about with lilies. Thy two breasts are like two fawns, the twins of a gazelle. Thy neck is like a tower of ivory; thy eyes like the pools in Ḥeshbon, by the gate of Bat-rabbim: thy nose is like the tower of the Levanon which looks toward Dammeseq. Thy head upon thee is like the Karmel, and the hair of thy head like purple: a king is caught in its tresses. How fair and how pleasant art thou, O love, for delights! This thy stature is like a palm tree, and thy breasts are like clusters of grapes. I said, I will go up into the palm tree, I will take hold of its boughs: may thy breasts be like clusters of the vine, and the scent of thy countenance like apples; and the roof of thy mouth like the best wine, that goes down sweetly for my beloved, causing the sleepers' lips to murmur. I am my beloved's, and his desire is towards me. Come, my beloved, let us go forth into the field; let us lodge in the villages. Let us get up early to the vineyards; let us see if the vine has flowered, if the grape blossoms have opened, if the pomegranates are in flower: there will I give thee my loves. The mandrakes give a fragrance, and at our gates are all manner of choice fruits, new and old, which I have laid up for thee, O my beloved. O that thou wert as my brother, that sucked the breasts of my mother! when I should find thee outside, I would kiss thee; and none would scorn me. I would lead thee, and bring thee into the house of my mother who brought me up: I would cause thee to drink of spiced wine, of the juice of my pomegranate. His left hand is under my head, and his right hand embraces me. I charge you, O daughters of Yerushalayim, that you stir not up, nor awaken my love, until it please.   Who is that, coming up from the wilderness, leaning upon her beloved? I roused thee under the apple tree: there thy mother was in travail with thee: there she who bore thee was in travail. Set me as a seal upon thy heart, as a seal upon thy arm: for love is strong as death; jealousy is cruel as She'ol: the coals thereof are coals of fire, which have a most vehement flame. Many waters cannot quench love, nor can the floods drown it: if a man would give all the substance of his house for love, it would be utterly scorned.   We have a little sister, and she has no breasts: what shall we do for our sister in the day when she shall be spoken for? If she be a wall, we will build upon her a battlement of silver: and if she be a door, we will enclose her with boards of cedar. I was a wall, and my breasts were like towers: then was I in his eyes as one who finds content. Shelomo had a vineyard at Ba'al-hamon; he let out the vineyard to keepers; everyone for its fruit was to bring a thousand pieces of silver. My vineyard, which is mine, is before me: thou, O Shelomo, may have the thousand, and those that keep its fruit two hundred. Thou that dwellest in the gardens, the companions hearken for thy voice: cause me to hear it. Make haste, my beloved, and be thou like a gazelle or a young hart upon the mountains of spices.

לכה דודי הרמונים שם
נצא השדה אתן את דודי
נלינה בכפרים; לך: הדודאים
∘ נשכימה ∘ נתנו ריח ועל
לכרמים נראה פתחינו כל
אם פרחה מגדים חדשים
הגפן פתח גם ישנים דודי
הסמדר הנצו צפנתי לך:

קול דודי הנה זה בא מדלג על ההרים מקפץ על
הגבעות: דומה דודי לצבי או לעפר האילים הנה
זה עומד אחר כתלנו משגיח מן החלנות מציץ
מן החרכים: ענה דודי ואמר לי קומי לך רעיתי יפתי
ולכי לך: כי הנה הסתו עבר הגשם חלף הלך לו:
הנצנים נראו בארץ עת הזמיר הגיע וקול התור נשמע
בארצנו: התאנה חנטה פגיה והגפנים סמדר נתנו
ריח קומי לכי רעיתי יפתי ולכי לך: יונתי בחגוי הסלע
בסתר המדרגה הראיני את מראיך השמיעני את קולך
כי קולך ערב ומראיך נאוה: אחזו לנו שועלים שעלים
קטנים מחבלים כרמים וכרמינו סמדר: דודי לי
ואני לו הרעה בשושנים: עד שיפוח היום ונסו הצללים
סב דמה לך דודי לצבי או לעפר האילים על הרי בתר.

תְּחַבְּקֵנִי׃ הִשְׁבַּעְתִּי אֶתְכֶם בְּנוֹת יְרוּשָׁלִָם מַה־תָּעִירוּ ׀ וּמַה־ ד
תְּעֹרְרוּ אֶת־הָאַהֲבָה עַד שֶׁתֶּחְפָּץ׃ מִי זֹאת ה
עֹלָה מִן־הַמִּדְבָּר מִתְרַפֶּקֶת עַל־דּוֹדָהּ תַּחַת הַתַּפּוּחַ עוֹרַרְתִּיךָ
שָׁמָּה חִבְּלַתְךָ אִמֶּךָ שָׁמָּה חִבְּלָה יְלָדַתְךָ׃ שִׂימֵנִי כַחוֹתָם ו
עַל־לִבֶּךָ כַּחוֹתָם עַל־זְרוֹעֶךָ כִּי־עַזָּה כַמָּוֶת אַהֲבָה קָשָׁה
כִשְׁאוֹל קִנְאָה רְשָׁפֶיהָ רִשְׁפֵּי אֵשׁ שַׁלְהֶבֶתְיָה׃ מַיִם רַבִּים לֹא ז
יוּכְלוּ לְכַבּוֹת אֶת־הָאַהֲבָה וּנְהָרוֹת לֹא יִשְׁטְפוּהָ אִם־יִתֵּן אִישׁ
אֶת־כָּל־הוֹן בֵּיתוֹ בָּאַהֲבָה בּוֹז יָבוּזוּ לוֹ׃ אָחוֹת ח
לָנוּ קְטַנָּה וְשָׁדַיִם אֵין לָהּ מַה־נַּעֲשֶׂה לַאֲחֹתֵנוּ בַּיּוֹם שֶׁיְּדֻבַּר־
בָּהּ׃ אִם־חוֹמָה הִיא נִבְנֶה עָלֶיהָ טִירַת כָּסֶף וְאִם־דֶּלֶת הִיא ט
נָצוּר עָלֶיהָ לוּחַ אָרֶז׃ אֲנִי חוֹמָה וְשָׁדַי כַּמִּגְדָּלוֹת אָז הָיִיתִי י
בְעֵינָיו כְּמוֹצְאֵת שָׁלוֹם׃ כֶּרֶם הָיָה לִשְׁלֹמֹה בְּבַעַל הָמוֹן נָתַן יא
אֶת־הַכֶּרֶם לַנֹּטְרִים אִישׁ יָבִא בְּפִרְיוֹ אֶלֶף כָּסֶף׃ כַּרְמִי שֶׁלִּי יב
לְפָנָי הָאֶלֶף לְךָ שְׁלֹמֹה וּמָאתַיִם לְנֹטְרִים אֶת־פִּרְיוֹ׃ הַיּוֹשֶׁבֶת יג
בַּגַּנִּים חֲבֵרִים מַקְשִׁיבִים לְקוֹלֵךְ הַשְׁמִיעִנִי׃ בְּרַח ׀ דּוֹדִי וּדְמֵה־ יד
לְךָ לִצְבִי אוֹ לְעֹפֶר הָאַיָּלִים עַל הָרֵי בְשָׂמִים׃

לת אהבה אני: מה דודך מדוד היפה. בנשים מהדרך
׳תיו תלתלים שחרות כעורב: עיניו כיונים על אפיקי
׳רקחים שפתוחיו שושנים נטפות מור עכר: ידיו גליל
׳י שש מיסדים על אדני פז מראהו כלבנון בחור
׳לם: אנה הלך דודך היפה בנשים אנה פנה דודך
׳ שושנים: אני לדודי ודודי לי הרעה, בשושנים :

השבעתי אתכם בנות ירושלם אם תמצאו את דודי מה
מדוד סנכה השבעתנו:דודי צח ואדום דגול מרבבה:רא
מים רחצות בחלב ישבות על מלאת:לחיו כערוגת הב
זהב ממלאים בתרשיש מעיו עשתשן מעלפת ספירים
כארזים:חכו ממתקים וכלו מחמדים זה דודי וזה ר
ונבקשנו עמך:דודי ירד לגנו לערוגות הבשם לרעות ב

שׁ֤וּבִי שׁ֙וּבִי֙ וְנֶֽחֱזֶה־בָּ֔ךְ מַֽה־תֶּחֱזוּ֙ בַּשּׁ֣וּלַמִּ֔ית כִּמְחֹלַ֖ת הַֽמַּחֲנָֽיִם׃
ב מַה־יָּפ֧וּ פְעָמַ֛יִךְ בַּנְּעָלִ֖ים בַּת־נָדִ֑יב חַמּוּקֵ֣י יְרֵכַ֔יִךְ כְּמ֣וֹ חֲלָאִ֔ים
ג מַעֲשֵׂ֖ה יְדֵ֥י אָמָּֽן׃ שָׁרְרֵךְ֙ אַגַּ֣ן הַסַּ֔הַר אַל־יֶחְסַ֖ר הַמָּ֑זֶג בִּטְנֵךְ֙
ד עֲרֵמַ֣ת חִטִּ֔ים סוּגָ֖ה בַּשּׁוֹשַׁנִּֽים׃ שְׁנֵ֥י שָׁדַ֛יִךְ כִּשְׁנֵ֥י עֳפָרִ֖ים תָּאֳמֵ֥י
ה צְבִיָּֽה׃ צַוָּארֵ֖ךְ כְּמִגְדַּ֣ל הַשֵּׁ֑ן עֵינַ֜יִךְ בְּרֵכ֣וֹת בְּחֶשְׁבּ֗וֹן עַל־שַׁ֙עַר֙
ו בַּת־רַבִּ֔ים אַפֵּךְ֙ כְּמִגְדַּ֣ל הַלְּבָנ֔וֹן צוֹפֶ֖ה פְּנֵ֥י דַמָּֽשֶׂק׃ רֹאשֵׁ֤ךְ עָלַ֙יִךְ֙
ז כַּכַּרְמֶ֔ל וְדַלַּ֥ת רֹאשֵׁ֖ךְ כָּאַרְגָּמָ֑ן מֶ֖לֶךְ אָס֥וּר בָּרְהָטִֽים׃ מַה־
ח יָּפִית֙ וּמַה־נָּעַ֔מְתְּ אַהֲבָ֖ה בַּתַּעֲנוּגִֽים׃ זֹ֤את קוֹמָתֵךְ֙ דָּֽמְתָ֣ה לְתָמָ֔ר
ט וְשָׁדַ֖יִךְ לְאַשְׁכֹּלֽוֹת׃ אָמַ֙רְתִּי֙ אֶעֱלֶ֣ה בְתָמָ֔ר אֹחֲזָ֖ה בְּסַנְסִנָּ֑יו וְיִֽהְיוּ־
י נָ֤א שָׁדַ֙יִךְ֙ כְּאֶשְׁכְּל֣וֹת הַגֶּ֔פֶן וְרֵ֥יחַ אַפֵּ֖ךְ כַּתַּפּוּחִֽים׃ וְחִכֵּ֕ךְ
כְּיֵ֥ין הַטּ֛וֹב הוֹלֵ֥ךְ לְדוֹדִ֖י לְמֵישָׁרִ֑ים דּוֹבֵ֖ב שִׂפְתֵ֥י יְשֵׁנִֽים׃
יא יב אֲנִ֣י לְדוֹדִ֔י וְעָלַ֖י תְּשׁוּקָתֽוֹ׃ לְכָ֤ה דוֹדִי֙ נֵצֵ֣א הַשָּׂדֶ֔ה נָלִ֖ינָה
יג בַּכְּפָרִֽים׃ נַשְׁכִּ֙ימָה֙ לַכְּרָמִ֔ים נִרְאֶ֞ה אִם־פָּֽרְחָ֤ה הַגֶּ֙פֶן֙ פִּתַּ֣ח
יד הַסְּמָדַ֔ר הֵנֵ֖צוּ הָרִמּוֹנִ֑ים שָׁ֛ם אֶתֵּ֥ן אֶת־דֹּדַ֖י לָֽךְ׃ הַֽדּוּדָאִ֣ים
נָֽתְנוּ־רֵ֗יחַ וְעַל־פְּתָחֵ֙ינוּ֙ כָּל־מְגָדִ֔ים חֲדָשִׁ֖ים גַּם־יְשָׁנִ֑ים דּוֹדִ֖י
ח א צָפַ֥נְתִּי לָֽךְ׃ מִ֚י יִתֶּנְךָ֙ כְּאָ֣ח לִ֔י יוֹנֵ֖ק שְׁדֵ֣י אִמִּ֑י אֶֽמְצָאֲךָ֤ בַחוּץ֙
ב אֶשָּׁקְךָ֔ גַּ֖ם לֹא־יָב֥וּזוּ לִֽי׃ אֶנְהָֽגֲךָ֔ אֲבִיאֲךָ֖ אֶל־בֵּ֣ית אִמִּ֣י תְּלַמְּדֵ֑נִי
ג אַשְׁקְךָ֙ מִיַּ֣יִן הָרֶ֔קַח מֵעֲסִ֖יס רִמֹּנִֽי׃ שְׂמֹאלוֹ֙ תַּ֣חַת רֹאשִׁ֔י וִימִינ֖וֹ

שִׂפְתוֹתָיו שׁוֹשַׁנִּים נֹטְפוֹת מוֹר עֹבֵר: יָדָיו גְּלִילֵי זָהָב מְמֻלָּאִים ‎יד

בַּתַּרְשִׁישׁ מֵעָיו עֶשֶׁת שֵׁן מְעֻלֶּפֶת סַפִּירִים: שׁוֹקָיו עַמּוּדֵי ‎טו

שֵׁשׁ מְיֻסָּדִים עַל־אַדְנֵי־פָז מַרְאֵהוּ כַּלְּבָנוֹן בָּחוּר כָּאֲרָזִים:

חִכּוֹ מַמְתַקִּים וְכֻלּוֹ מַחֲמַדִּים זֶה דוֹדִי וְזֶה רֵעִי בְּנוֹת יְרוּשָׁלָ‍ִם: ‎טז

אָנָה הָלַךְ דּוֹדֵךְ הַיָּפָה בַּנָּשִׁים אָנָה פָּנָה דוֹדֵךְ וּנְבַקְשֶׁנּוּ ‎ו א

עִמָּךְ: דּוֹדִי יָרַד לְגַנּוֹ לַעֲרֻגוֹת הַבֹּשֶׂם לִרְעוֹת בַּגַּנִּים וְלִלְקֹט ‎ב

שׁוֹשַׁנִּים: אֲנִי לְדוֹדִי וְדוֹדִי לִי הָרֹעֶה בַּשּׁוֹשַׁנִּים: ‎ג

יָפָה אַתְּ רַעְיָתִי כְּתִרְצָה נָאוָה כִּירוּשָׁלָ‍ִם אֲיֻמָּה כַּנִּדְגָּלוֹת: הָסֵבִּי ‎ד

עֵינַיִךְ מִנֶּגְדִּי שֶׁהֵם הִרְהִיבֻנִי שַׂעְרֵךְ כְּעֵדֶר הָעִזִּים שֶׁגָּלְשׁוּ

מִן־הַגִּלְעָד: שִׁנַּיִךְ כְּעֵדֶר הָרְחֵלִים שֶׁעָלוּ מִן־הָרַחְצָה שֶׁכֻּלָּם ‎ו

מַתְאִימוֹת וְשַׁכֻּלָה אֵין בָּהֶם: כְּפֶלַח הָרִמּוֹן רַקָּתֵךְ מִבַּעַד ‎ז

לְצַמָּתֵךְ: שִׁשִּׁים הֵמָּה מְלָכוֹת וּשְׁמֹנִים פִּילַגְשִׁים וַעֲלָמוֹת ‎ח

אֵין מִסְפָּר: אַחַת הִיא יוֹנָתִי תַמָּתִי אַחַת הִיא לְאִמָּהּ בָּרָה ‎ט

הִיא לְיוֹלַדְתָּהּ רָאוּהָ בָנוֹת וַיְאַשְּׁרוּהָ מְלָכוֹת וּפִילַגְשִׁים

וַיְהַלְלוּהָ: מִי־זֹאת הַנִּשְׁקָפָה כְּמוֹ־שָׁחַר יָפָה כַלְּבָנָה ‎י

בָּרָה כַּחַמָּה אֲיֻמָּה כַּנִּדְגָּלוֹת: אֶל־גִּנַּת אֱגוֹז יָרַדְתִּי לִרְאוֹת ‎יא

בְּאִבֵּי הַנָּחַל לִרְאוֹת הֲפָרְחָה הַגֶּפֶן הֵנֵצוּ הָרִמֹּנִים: לֹא יָדַעְתִּי ‎יב

נַפְשִׁי שָׂמַתְנִי מַרְכְּבוֹת עַמִּי נָדִיב: שׁוּבִי שׁוּבִי הַשּׁוּלַמִּית ‎ז א

זה נעשה אחר.....
צוה צדיק יבבא.....
ויכתוב ראובני....
טוב הנכתבת שבר....

Z. RABAN

יהוה זר בטנה ש
בים שידרבבהה א
טליאורלדא היא
ישרי כפור לזו אש

JERUSALEM

וְנֹזְלִים מִן־לְבָנוֹן: עוּרִי צָפוֹן וּבוֹאִי תֵימָן הָפִיחִי גַנִּי יִזְּלוּ ט

בְשָׂמָיו יָבֹא דוֹדִי לְגַנּוֹ וְיֹאכַל פְּרִי מְגָדָיו: בָּאתִי לְגַנִּי אֲחֹתִי ה א

כַלָּה אָרִיתִי מוֹרִי עִם־בְּשָׂמִי אָכַלְתִּי יַעְרִי עִם־דִּבְשִׁי שָׁתִיתִי

יֵינִי עִם־חֲלָבִי אִכְלוּ רֵעִים שְׁתוּ וְשִׁכְרוּ דּוֹדִים: אֲנִי ב

יְשֵׁנָה וְלִבִּי עֵר קוֹל ׀ דּוֹדִי דוֹפֵק פִּתְחִי־לִי אֲחֹתִי רַעְיָתִי יוֹנָתִי

תַמָּתִי שֶׁרֹאשִׁי נִמְלָא־טָל קְוֻצּוֹתַי רְסִיסֵי לָיְלָה: פָּשַׁטְתִּי אֶת־ ג

כֻּתׇּנְתִּי אֵיכָכָה אֶלְבָּשֶׁנָּה רָחַצְתִּי אֶת־רַגְלַי אֵיכָכָה אֲטַנְּפֵם:

דּוֹדִי שָׁלַח יָדוֹ מִן־הַחֹר וּמֵעַי הָמוּ עָלָיו: קַמְתִּי אֲנִי לִפְתֹּחַ ד

לְדוֹדִי וְיָדַי נָטְפוּ־מוֹר וְאֶצְבְּעֹתַי מוֹר עֹבֵר עַל כַּפּוֹת הַמַּנְעוּל:

פָּתַחְתִּי אֲנִי לְדוֹדִי וְדוֹדִי חָמַק עָבָר נַפְשִׁי יָצְאָה בְדַבְּרוֹ ו

בִּקַּשְׁתִּיהוּ וְלֹא מְצָאתִיהוּ קְרָאתִיו וְלֹא עָנָנִי: מְצָאֻנִי ז

הַשֹּׁמְרִים הַסֹּבְבִים בָּעִיר הִכּוּנִי פְצָעוּנִי נָשְׂאוּ אֶת־רְדִידִי מֵעָלַי

שֹׁמְרֵי הַחֹמוֹת: הִשְׁבַּעְתִּי אֶתְכֶם בְּנוֹת יְרוּשָׁלָ͏ִם אִם־תִּמְצְאוּ ח

אֶת־דּוֹדִי מַה־תַּגִּידוּ לוֹ שֶׁחוֹלַת אַהֲבָה אָנִי: מַה־דּוֹדֵךְ מִדּוֹד ט

הַיָּפָה בַּנָּשִׁים מַה־דּוֹדֵךְ מִדּוֹד שֶׁכָּכָה הִשְׁבַּעְתָּנוּ: דּוֹדִי י

צַח וְאָדוֹם דָּגוּל מֵרְבָבָה: רֹאשׁוֹ כֶּתֶם פָּז קְוֻצּוֹתָיו תַּלְתַּלִּים יא

שְׁחֹרוֹת כָּעוֹרֵב: עֵינָיו כְּיוֹנִים עַל־אֲפִיקֵי מָיִם רֹחֲצוֹת בֶּחָלָב יב

יֹשְׁבוֹת עַל־מִלֵּאת: לְחָיָו כַּעֲרוּגַת הַבֹּשֶׂם מִגְדְּלוֹת מֶרְקָחִים יג

רַעְיָתִי֙ הִנָּ֣ךְ יָפָ֔ה עֵינַ֣יִךְ יוֹנִ֔ים מִבַּ֖עַד לְצַמָּתֵ֑ךְ שַׂעְרֵךְ֙ כְּעֵ֣דֶר
הָֽעִזִּ֔ים שֶׁגָּלְשׁ֖וּ מֵהַ֥ר גִּלְעָֽד׃ שִׁנַּ֙יִךְ֙ כְּעֵ֣דֶר הַקְּצוּב֔וֹת שֶֽׁעָל֖וּ מִן־ ב
הָֽרַחְצָ֑ה שֶׁכֻּלָּם֙ מַתְאִימ֔וֹת וְשַׁכֻּלָ֖ה אֵ֥ין בָּהֶֽם׃ כְּח֤וּט הַשָּׁנִי֙ ג
שִׂפְתוֹתַ֔יִךְ וּמִדְבָּרֵ֖ךְ נָאוֶ֑ה כְּפֶ֤לַח הָֽרִמּוֹן֙ רַקָּתֵ֔ךְ מִבַּ֖עַד לְצַמָּתֵֽךְ׃
כְּמִגְדַּ֤ל דָּוִיד֙ צַוָּארֵ֔ךְ בָּנ֖וּי לְתַלְפִּיּ֑וֹת אֶ֤לֶף הַמָּגֵן֙ תָּל֣וּי עָלָ֔יו כֹּ֖ל ד
שִׁלְטֵ֥י הַגִּבֹּרִֽים׃ שְׁנֵ֥י שָׁדַ֛יִךְ כִּשְׁנֵ֥י עֳפָרִ֖ים תְּאוֹמֵ֣י צְבִיָּ֑ה הָרֹעִ֖ים ה
בַּשּׁוֹשַׁנִּֽים׃ עַ֤ד שֶׁיָּפ֙וּחַ֙ הַיּ֔וֹם וְנָ֖סוּ הַצְּלָלִ֑ים אֵ֤לֶךְ לִי֙ אֶל־הַ֣ר ו
הַמּ֔וֹר וְאֶל־גִּבְעַ֖ת הַלְּבוֹנָֽה׃ כֻּלָּ֤ךְ יָפָה֙ רַעְיָתִ֔י וּמ֖וּם אֵ֥ין ז
בָּֽךְ׃ אִתִּ֤י מִלְּבָנוֹן֙ כַּלָּ֔ה אִתִּ֖י מִלְּבָנ֣וֹן תָּב֑וֹאִי ח
תָּשׁ֣וּרִי ׀ מֵרֹ֣אשׁ אֲמָנָ֗ה מֵרֹ֤אשׁ שְׂנִיר֙ וְחֶרְמ֔וֹן מִמְּעֹנ֣וֹת אֲרָי֔וֹת
מֵהַרְרֵ֖י נְמֵרִֽים׃ לִבַּבְתִּ֖נִי אֲחֹתִ֣י כַלָּ֑ה לִבַּבְתִּ֙נִי֙ באחד מֵֽעֵינַ֔יִךְ ט
בְּאַחַ֥ד עֲנָ֖ק מִצַּוְּרֹנָֽיִךְ׃ מַה־יָּפ֥וּ דֹדַ֖יִךְ אֲחֹתִ֣י כַלָּ֑ה מַה־טֹּ֤בוּ י
דֹדַ֙יִךְ֙ מִיַּ֔יִן וְרֵ֥יחַ שְׁמָנַ֖יִךְ מִכָּל־בְּשָׂמִֽים׃ נֹ֛פֶת תִּטֹּ֥פְנָה שִׂפְתוֹתַ֖יִךְ יא
כַּלָּ֑ה דְּבַ֤שׁ וְחָלָב֙ תַּ֣חַת לְשׁוֹנֵ֔ךְ וְרֵ֥יחַ שַׂלְמֹתַ֖יִךְ כְּרֵ֥יחַ
לְבָנֽוֹן׃ גַּ֥ן ׀ נָע֖וּל אֲחֹתִ֣י כַלָּ֑ה גַּ֥ל נָע֖וּל מַעְיָ֥ן יב
חָתֽוּם׃ שְׁלָחַ֙יִךְ֙ פַּרְדֵּ֣ס רִמּוֹנִ֔ים עִ֖ם פְּרִ֣י מְגָדִ֑ים כְּפָרִ֖ים עִם־ יג
נְרָדִֽים׃ נֵ֣רְדְּ ׀ וְכַרְכֹּ֗ם קָנֶה֙ וְקִנָּמ֔וֹן עִ֖ם כָּל־עֲצֵ֣י לְבוֹנָ֑ה מֹ֚ר יד
וַאֲהָל֔וֹת עִ֖ם כָּל־רָאשֵׁ֥י בְשָׂמִֽים׃ מַעְיַ֣ן גַּנִּ֔ים בְּאֵ֖ר מַ֣יִם חַיִּ֑ים טו

ט) בְּאַחַת

נאוו לחייך
נפשה דך עם
נרדי נתן ריחו:

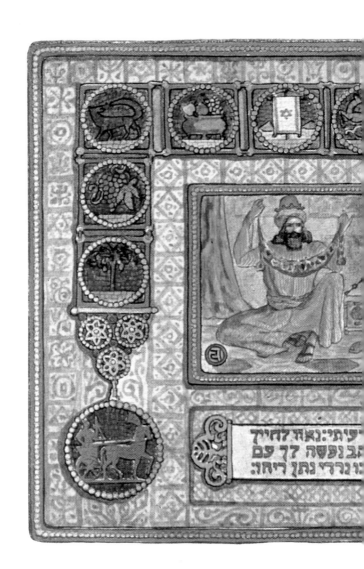

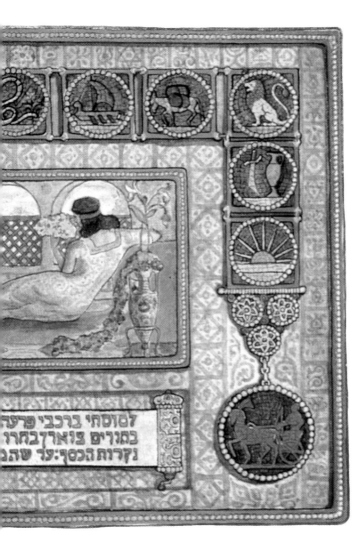

לסוסתי ברכבי פרע
בתורים צוארך בחרו
נקדות הכסף: עד שה

ג א לִצְבִי אוֹ לְעֹפֶר הָאַיָּלִים עַל־הָרֵי בָתֶר׃ עַל־
מִשְׁכָּבִי בַּלֵּילוֹת בִּקַּשְׁתִּי אֵת שֶׁאָהֲבָה נַפְשִׁי בִּקַּשְׁתִּיו וְלֹא
ב מְצָאתִיו׃ אָקוּמָה נָּא וַאֲסוֹבְבָה בָעִיר בַּשְּׁוָקִים וּבָרְחֹבוֹת
ג אֲבַקְשָׁה אֵת שֶׁאָהֲבָה נַפְשִׁי בִּקַּשְׁתִּיו וְלֹא מְצָאתִיו׃ מְצָאוּנִי
ד הַשֹּׁמְרִים הַסֹּבְבִים בָּעִיר אֵת שֶׁאָהֲבָה נַפְשִׁי רְאִיתֶם׃ כִּמְעַט
שֶׁעָבַרְתִּי מֵהֶם עַד שֶׁמָּצָאתִי אֵת שֶׁאָהֲבָה נַפְשִׁי אֲחַזְתִּיו
וְלֹא אַרְפֶּנּוּ עַד־שֶׁהֲבֵיאתִיו אֶל־בֵּית אִמִּי וְאֶל־חֶדֶר
ה הוֹרָתִי׃ הִשְׁבַּעְתִּי אֶתְכֶם בְּנוֹת יְרוּשָׁלִַם בִּצְבָאוֹת אוֹ
בְּאַיְלוֹת הַשָּׂדֶה אִם־תָּעִירוּ ׀ וְאִם־תְּעוֹרְרוּ אֶת־הָאַהֲבָה
ו עַד שֶׁתֶּחְפָּץ׃ מִי זֹאת עֹלָה מִן־הַמִּדְבָּר
כְּתִימְרוֹת עָשָׁן מְקֻטֶּרֶת מֹר וּלְבוֹנָה מִכֹּל אַבְקַת רוֹכֵל׃
ז הִנֵּה מִטָּתוֹ שֶׁלִּשְׁלֹמֹה שִׁשִּׁים גִּבֹּרִים סָבִיב לָהּ מִגִּבֹּרֵי
ח יִשְׂרָאֵל׃ כֻּלָּם אֲחֻזֵי חֶרֶב מְלֻמְּדֵי מִלְחָמָה אִישׁ חַרְבּוֹ עַל־
ט יְרֵכוֹ מִפַּחַד בַּלֵּילוֹת׃ אַפִּרְיוֹן עָשָׂה לוֹ הַמֶּלֶךְ
י שְׁלֹמֹה מֵעֲצֵי הַלְּבָנוֹן׃ עַמּוּדָיו עָשָׂה כֶסֶף רְפִידָתוֹ זָהָב
יא מֶרְכָּבוֹ אַרְגָּמָן תּוֹכוֹ רָצוּף אַהֲבָה מִבְּנוֹת יְרוּשָׁלִָם׃ צְאֶינָה ׀
וּרְאֶינָה בְּנוֹת צִיּוֹן בַּמֶּלֶךְ שְׁלֹמֹה בָּעֲטָרָה שֶׁעִטְּרָה־לּוֹ אִמּוֹ
ד א בְּיוֹם חֲתֻנָּתוֹ וּבְיוֹם שִׂמְחַת לִבּוֹ׃ הִנָּךְ יָפָה

כֵּן רַעְיָתִי בֵּין הַבָּנוֹת׃ כְּתַפּוּחַ בַּעֲצֵי הַיַּעַר כֵּן דּוֹדִי בֵּין ג
הַבָּנִים בְּצִלּוֹ חִמַּדְתִּי וְיָשַׁבְתִּי וּפִרְיוֹ מָתוֹק לְחִכִּי׃ הֱבִיאַנִי ד
אֶל־בֵּית הַיָּיִן וְדִגְלוֹ עָלַי אַהֲבָה׃ סַמְּכוּנִי בָּאֲשִׁישׁוֹת רַפְּדוּנִי ה
בַּתַּפּוּחִים כִּי־חוֹלַת אַהֲבָה אָנִי׃ שְׂמֹאלוֹ תַּחַת לְרֹאשִׁי וִימִינוֹ ו
תְּחַבְּקֵנִי׃ הִשְׁבַּעְתִּי אֶתְכֶם בְּנוֹת יְרוּשָׁלַםִ בִּצְבָאוֹת אוֹ ז
בְּאַיְלוֹת הַשָּׂדֶה אִם־תָּעִירוּ ׀ וְאִם־תְּעוֹרְרוּ אֶת־הָאַהֲבָה עַד
שֶׁתֶּחְפָּץ׃ קוֹל דּוֹדִי הִנֵּה־זֶה בָּא מְדַלֵּג עַל־הֶהָרִים ח
מְקַפֵּץ עַל־הַגְּבָעוֹת׃ דּוֹמֶה דוֹדִי לִצְבִי אוֹ לְעֹפֶר הָאַיָּלִים ט
הִנֵּה־זֶה עוֹמֵד אַחַר כָּתְלֵנוּ מַשְׁגִּיחַ מִן־הַחַלֹּנוֹת מֵצִיץ מִן־
הַחֲרַכִּים׃ עָנָה דוֹדִי וְאָמַר לִי קוּמִי לָךְ רַעְיָתִי יָפָתִי וּלְכִי־ י
לָךְ׃ כִּי־הִנֵּה הַסְּתָו עָבָר הַגֶּשֶׁם חָלַף הָלַךְ לוֹ׃ הַנִּצָּנִים נִרְאוּ יא יב
בָאָרֶץ עֵת הַזָּמִיר הִגִּיעַ וְקוֹל הַתּוֹר נִשְׁמַע בְּאַרְצֵנוּ׃ הַתְּאֵנָה יג
חָנְטָה פַגֶּיהָ וְהַגְּפָנִים ׀ סְמָדַר נָתְנוּ רֵיחַ קוּמִי לְכִי רַעְיָתִי יָפָתִי
וּלְכִי־לָךְ׃ יוֹנָתִי בְּחַגְוֵי הַסֶּלַע בְּסֵתֶר הַמַּדְרֵגָה יד
הַרְאִינִי אֶת־מַרְאַיִךְ הַשְׁמִיעִנִי אֶת־קוֹלֵךְ כִּי־קוֹלֵךְ עָרֵב
וּמַרְאֵיךְ נָאוֶה׃ אֶחֱזוּ־לָנוּ שׁוּעָלִים שֻׁעָלִים קְטַנִּים טו
מְחַבְּלִים כְּרָמִים וּכְרָמֵינוּ סְמָדַר׃ דּוֹדִי לִי וַאֲנִי לוֹ הָרֹעֶה טז
בַּשּׁוֹשַׁנִּים׃ עַד שֶׁיָּפוּחַ הַיּוֹם וְנָסוּ הַצְּלָלִים סֹב דְּמֵה־לְךָ דוֹדִי יז

יג) לָךְ

א א ב שִׁיר הַשִּׁירִים אֲשֶׁר לִשְׁלֹמֹה: יִשָּׁקֵנִי מִנְּשִׁיקוֹת פִּיהוּ כִּי־
ג טוֹבִים דֹּדֶיךָ מִיָּיִן: לְרֵיחַ שְׁמָנֶיךָ טוֹבִים שֶׁמֶן תּוּרַק שְׁמֶךָ עַל־
ד כֵּן עֲלָמוֹת אֲהֵבוּךָ: מָשְׁכֵנִי אַחֲרֶיךָ נָּרוּצָה הֱבִיאַנִי הַמֶּלֶךְ
חֲדָרָיו נָגִילָה וְנִשְׂמְחָה בָּךְ נַזְכִּירָה דֹדֶיךָ מִיַּיִן מֵישָׁרִים
ה אֲהֵבוּךָ: שְׁחוֹרָה אֲנִי וְנָאוָה בְּנוֹת יְרוּשָׁלִָם כְּאָהֳלֵי
ו קֵדָר כִּירִיעוֹת שְׁלֹמֹה: אַל־תִּרְאוּנִי שֶׁאֲנִי שְׁחַרְחֹרֶת שֶׁשְּׁזָפַתְנִי
הַשָּׁמֶשׁ בְּנֵי אִמִּי נִחֲרוּ־בִי שָׂמֻנִי נֹטֵרָה אֶת־הַכְּרָמִים כַּרְמִי
ז שֶׁלִּי לֹא נָטָרְתִּי: הַגִּידָה לִּי שֶׁאָהֲבָה נַפְשִׁי אֵיכָה תִרְעֶה אֵיכָה
תַּרְבִּיץ בַּצָּהֳרָיִם שַׁלָּמָה אֶהְיֶה כְּעֹטְיָה עַל עֶדְרֵי חֲבֵרֶיךָ:
ח אִם־לֹא תֵדְעִי לָךְ הַיָּפָה בַּנָּשִׁים צְאִי־לָךְ בְּעִקְבֵי הַצֹּאן
ט וּרְעִי אֶת־גְּדִיֹּתַיִךְ עַל מִשְׁכְּנוֹת הָרֹעִים: לְסֻסָתִי
י בְּרִכְבֵי פַרְעֹה דִּמִּיתִיךְ רַעְיָתִי: נָאווּ לְחָיַיִךְ בַּתֹּרִים צַוָּארֵךְ
יא יב בַּחֲרוּזִים: תּוֹרֵי זָהָב נַעֲשֶׂה־לָּךְ עִם נְקֻדּוֹת הַכָּסֶף: עַד־
יג שֶׁהַמֶּלֶךְ בִּמְסִבּוֹ נִרְדִּי נָתַן רֵיחוֹ: צְרוֹר הַמֹּר ׀ דּוֹדִי לִי בֵּין שָׁדַי
יד טו יָלִין: אֶשְׁכֹּל הַכֹּפֶר ׀ דּוֹדִי לִי בְּכַרְמֵי עֵין גֶּדִי: הִנָּךְ
טז יָפָה רַעְיָתִי הִנָּךְ יָפָה עֵינַיִךְ יוֹנִים: הִנְּךָ יָפֶה דוֹדִי אַף נָעִים
יז אַף־עַרְשֵׂנוּ רַעֲנָנָה: קֹרוֹת בָּתֵּינוּ אֲרָזִים רַחִיטֵנוּ בְּרוֹתִים:
ב א ב אֲנִי חֲבַצֶּלֶת הַשָּׁרוֹן שׁוֹשַׁנַּת הָעֲמָקִים: כְּשׁוֹשַׁנָּה בֵּין הַחוֹחִים

יז) רַהִיטֵנוּ

כרם היה לשלמה בבעל המון נתן את הכרם לנטרים
איש יבא בפריו אלף כסף: כרמי שלי לפני האלף
לך שלמה ומאתים לנטרים את פריו: היושבת בגנים
חברים מקשיבים לקולך השמיעני: ברח דודי
ודמה לך לצבי או לעפר האילים על הרי בשמים:

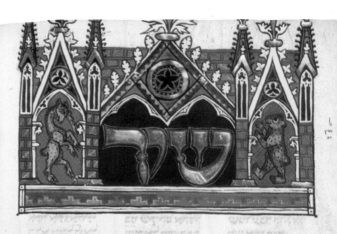

השירים אשר לש
לשלמה ישקני
מנשיקות פיהו כי
טובים דדיך מיין
לריח שמניך טובים
שמן תורק שמך
על כן עלמות אהבוך
משכני אחריך נ
נרוצה הביאני המלך
חדריו נגילה ונש
ונשמחה בך נזכירה
דדיך מיין מישרים
אהבוך
שחורה אני ונאוה
בנות ירושלם כאהלי
קדר כיריעות שלמה
אל תראוני שאני ש
שחרחרת ששזפתני
השמש בני אמי נחרו
בי שמני נטרה את

הכרמים כרמי שלי
לא נטרתי הגידה
לי שאהבה נפשי
איכה תרעה איכה
תרביץ בצהרים ש
שלמה אהיה כעטיה
על עדרי חבריך
אם לא תדעי לך ה
היפה בנשים צאי לך
בעקבי הצאן ורעי
את גדיתיך על מש
משכנות הרעים
לססתי ברכבי
פרעה דמיתיך רעיתי
נאוו לחייך בתרים
צוארך בחרוזים
תורי זהב נעשה לך
עם נקדות הכסף
עד שהמלך במסבו
נרדי נתן ריחו צרור

המר דודי לי בין ש
שדי ילין אשכל
הכפר דודי לי בכרמי
עין גדי
הנך יפה רעיתי הנך
יפה עיניך יונים הנך
יפה דודי אף נעים
אף ערשנו רעננה
קרות בתינו ארזים
רחיטנו ברותים אני
חבצלת השרון ש
שושנת העמקים
כשושנה בין החוחים
כן רעיתי בין הבנות
כתפוח בעצי היער
כן דודי בין הבנים
בצלו חמדתי וישבתי
ופריו מתוק לחכי
הביאני
אל בית היין ודגלו

העמוד הראשון לשיר השירים מתוך החומש של הנסיך מסַסֶק

e first page of SHIR haSHIRIM, from The Five Scrolls
the Duke of Sussex Pentateuch, British Library, London.

שִׁיר
הַשִּׁירִים
אֲשֶׁר
לִשְׁלֹמֹה

תודתנו למשפחת דורון עבור הזכות להדפיס את איוריו של
זאב רַבַּן

הוצאת קוֹרֵן ירושלים

תש"ע • 2009
הוצאת קוֹרֵן ירושלים בע"מ
ת.ד. 4044, ירושלים 91040
טל': 02-6330533 פקס: 02-6330534

© צילומים: מוזיאון ישראל, ירושלים/ר. טרי

Printed in Israel

ISBN 978-965-301-115-1

שיר השירים אשר לשלמה